Heliodor Swiecicki

Historisch-kritische Beleuchtung der Pflege der Kinder bei den Griechen

Heliodor Swiecicki

Historisch-kritische Beleuchtung der Pflege der Kinder bei den Griechen

ISBN/EAN: 9783743460249

Hergestellt in Europa, USA, Kanada, Australien, Japan

Cover: Foto ©ninafisch / pixelio.de

Manufactured and distributed by brebook publishing software (www.brebook.com)

Heliodor Swiecicki

Historisch-kritische Beleuchtung der Pflege der Kinder bei den Griechen

Historisch-kritische Beleuchtung
der
Pflege der Kinder bei den Griechen.

Erster Theil
einer von der hiesigen medicinischen Facultät gekrönten Preisschrift.

Inaugural-Dissertation,

welche mit Genehmigung

der medicinischen Fakultät

hiesiger Universität

zur Erlangung der Doctorwürde

in der Medicin und Chirurgie

Mittwoch, den 1. August 1877, Mittags 12 Uhr

in der Aula Leopoldina

öffentlich vertheidigen wird

Heliodor von Święcicki
aus Schrimm.

Opponenten:
Dr. L. Szuman, prakt. Arzt.
Dr. V. Tomaszewski.

BRESLAU.
Buchdruckerei Lindner.

Seinem

lieben Lehrer und Schwager

Herrn

Medicinal-Rath Professor Dr. H. Fischer

Director der chirurgischen Klinik in Breslau,

in Dankbarkeit und Verehrung

vom Verfasser.

.... Ἱπποκράτους ἀληθῶς ἐσμεν ζηλωταί.
Γαλῖηνος.

Auf allen Gebieten der Medicin sind die Schriften der alten griechischen Aerzte für uns der Eck- und Grundstein unseres Wissens. So mangelhaft ihre anatomischen und physiologischen Kenntnisse auch waren, so erstaunlich scharf scheint ihr praktischer Blick und ihre Beobachtungsgabe, so lehrreich und unumstösslich waren ihre therapeutischen und hygienischen Rathschläge. Besonders gilt dies von den Ansichten der griechischen Aerzte in Betreff der Pflege der Kinder und der Behandlung ihrer Krankheiten. Zwar haben wir nicht viele Schriften darüber von ihnen überkommen, doch gilt auch hier das *non multa, sed multum* [1]).

Bevor wir jedoch an unser eigentliches Thema herantreten, wollen wir uns ein allgemeines Bild davon entwerfen, wie sich die Alten die Geburt des Kindes vorstellten, welche verschiedene Ansichten sie über diesen Gegenstand hatten, und wie sie meistens die Inspection zur Grundlage aller ihrer Hypothesen machten.

Schon bei den ältesten griechischen Naturphilosophen finden wir darüber einige Angaben. So lehrt Heraklitus

---

[1]) cf. Plin. jun. Ep. 7, 9: „Aiunt, multum legendum esse non multa."

von Ephesus, dass der Knabe auf der rechten, das Mädchen dagegen auf der linken Seite entstehe. Alkmäon glaubt, das Kind nehme die Nahrung nicht erst nach der Geburt, sondern schon im Uterus zu sich. Hippocrates der Grosse, wie ihn schon Aristoteles [1]) mit vollem Rechte nennt, sagt in seinem Buche: ΠΕΡΙ ΕΠΙΚΥΗΣΙΟΣ [2]), dass auf der Seite, wo die Brust grösser und umfangreicher sei, das Kind läge und dass dies auch für die Grösse der Augen des Kindes insofern von Wichtigkeit sei, weil stets das Auge derjenigen Seite, wo die Brust grösser ist, sich stärker entwickele, als das der entgegengesetzten Seite. An einer anderen Stelle desselben Buches giebt er uns ein Mittel an zu erkennen, ob das Kind todt oder lebendig auf die Welt kommen werde. Man lasse die Schwangere bald auf der rechten, bald auf der linken Seite liegen; ist das Kind todt, so fällt es in der Mutter wie ein Stein oder ein anderer Körper stets auf die Seite wo die Brust liegt. Ausserdem sei ein gutes Charakteristicon für ein todtes Kind die im Verhältnisse zu den übrigen Körpertheilen verminderte Temperatur der Schamgegend. Lebe dagegen das Kind, so bemerke man in dem Leibe der Mutter kein Hinundhersinken des Kindes, und die Temperatur des Unterleibes werde nicht nur nicht vermindert, sondern ein wenig erhöht. Aristoteles [3]) lehrt uns das Geschlecht des zu erwartenden Kindes prognosticiren. Gehe vor der Geburt, ein blasses, dünnes

---

[1]) Polit. VII, 4.
[2]) Hippocr. opera. ed. A. Foesii. Francofurti MDXCV. Sec. III, pag. 43.
[3]) aus Stagira in Thracien — 384 v. Chr. geb.

Wasser ab, so sei die Geburt eines Knaben zu erwarten, sei das Wasser aber dunkel, blutig, die eines Mädchens. [Aristoteles [1]) fügt aber ausdrücklich hinzu, dies sei keineswegs als eine allgemeine Regel zu betrachten.] — Was nun das Alter der Neugeborenen betrifft, so behauptet Hippocrates [2]), der diesem Gegenstande zwei besondere Capitel widmet, dass ein siebenmonatliches Kind lebensfähiger sei, als ein im achten Monate geborenes. Polybus [3]), Diocles und die Empiriker waren ebenfalls der Meinung, dass bei einem achtmonatlichen Kinde keine Lebensfähigkeit oder wenigstens eine sehr schwächliche Constitution zu erwarten sei. Man hielt in Griechenland überhaupt daran fest, kein achtmonatliches Kind zu erziehen. Aristoteles [4]) sagt: „Die achtmonatlichen Kinder bleiben am Leben nur in Aegypten und dort, wo die Frauen sehr fruchtbar sind." Vor dem siebenten Monate Geborene können nach Aristoteles absolut nicht leben. Leben sie aber, so sind sie sehr schwach, die natürlichen Oeffnungen z. B. an der Nase, am anus u. s. w. fehlen. Man wickelt sie gewöhnlich, um ihren zarten Körper vor schädlichen Einflüssen zu bewahren, gleich nach der Geburt in Wolle ein. Prof. Haeser [5]) macht in seiner Geschichte der Medicin darauf aufmerksam, „dass schon Homer [6]) die Lebensfähigkeit des partus septimestris kannte."

---

[1]) Hist. Anim c. 9.
[2]) ΠΕΡΙ ΕΠΤΑΜΗΝΟΥ ed. Foes. Sec. III. pag. 36 etc. — L. VII, 437, 2. — ΠΕΡΙ ΟΚΤΑΜΗΝΟΥ ed. Foes. Sec. III. pag. 39 etc.
[3]) Gal. Hist. Philos. c. 34.
[4]) l. c.
[5]) III. Auflage. 1876. pag. 203.
[6]) Odyssee, lib. XIX, 115.

Gehen wir nun an unsere eigentliche Aufgabe, an die Entwickelung der Ansichten der Alten über die Pflege und Erziehung der Kinder. Hinsichtlich der Pflege der Kinder bietet uns Soranus[1]), der erste Lehrer der Diagnostik, das reichste und beste Material. Wir wollen ihn daher, um einen besseren Ueberblick über diesen interessanten Gegenstand zu haben, zur Grundlage dieses Theiles der Betrachtung machen. — Einen λόγος πλατὸς καὶ πολυμερής nennt er[2]) das Kapitel von der Pflege der Kinder; und wenn wir seine Rathschläge in Betreff der Behandlung der Neugeborenen und überhaupt des Kindes in seinen ersten Lebensjahren prüfen, so finden wir, dass Soranus selbst mit Eifer jenen λόγος πλατός studirt hat. — Bald nach der Geburt solle man prüfen, ob die Constitution des neuen Weltbürgers zu der Erwartung einer gedeihlichen Erziehung berechtige. Zu dem Zwecke sollte man das Kind zunächst auf den Boden legen und abwarten, ob es schreien werde oder nicht. Thue es dies, und zwar mit der nöthigen Kraft (μετὰ τόνου τοῦ προσήκοντος), so könne man es als ein taugliches Kind ansehen, im entgegengesetzten Falle sei anzunehmen, dass es irgend eine Missbildung besitze oder den Keim einer Krankheit in sich trage. Auch solle dabei eine genaue Untersuchung aller Körpertheile und aller Körperöffnungen[3]) nicht unter-

---

[1] Aus Ephesus, Sohn des Neander, lebte unter Trajan und Hadrian in Rom.

[2]) In edit. Ermer. — Traj. ad Rhen. 1869. 8. Cap. XXIV.

[3]) So z. B. des *anus*, der, wenn er etwa durch eine dünne Membran geschlossen sein sollte, mit dem Finger geöffnet werden muss, um dem sogen. *meconium*, dem natürlichen Excremente des Kindes, Ausfluss zu verschaffen.

bleiben, und nachgesehen werden, ob die Bewegungen der einzelnen Theile natürlich und ungezwungen sind. Als bestes Prognosticon für die gedeihliche Entwickelung des Neugeborenen stellt er die Gesundheit der Mutter während der Gravidität auf, da leicht Krankheiten der Mutter auf den Fötus übertragen werden könnten. — Was die Durchschneidung des Nabelstranges betrifft, so widmet Soranus [1]) dieser Procedur eine ganz besondere Sorgfalt. Er geisselt hierbei die abergläubische Scheu der Hebammen, welche es für eine böse Vorbedeutung hielten, wenn der erste Schnitt an dem Kinde mit einem Messer gethan werde und empfiehlt grade als das beste Instrument ein scharfes Stahlmesser (σμίλιον). Vorher jedoch soll die Nabelschnur 3—4 Zoll vom Leibe des Kindes unterbunden werden, damit nicht etwa die Gefahr einer Verblutung für die Mutter eintrete, da ja in dem Nabelstrange die Gefässe verlaufen, welche den Fötus bis zur Geburt ernährt haben. Um daher den Blutverlust möglichst zu beschränken, schlägt er vor, den Nabelstrang an zwei Stellen zu unterbinden und zwischen beiden durchzuschneiden. Die Schnittfläche an dem Stück des Nabelstranges, welches in einer Länge von ca. vier Fingern an dem Kinde verblieben ist, will Soranus mit weicher Wolle oder Charpie [2]) (κροκύδι) belegt und verbunden wissen und bekämpft [3]) die übliche Sitte vieler Barbaren, nach geschehenem Nabelschnitt

---

[1]) op. cit. cap. XXIV.
[2]) Nicht aber mit Leinwand, da dieselbe drücke und unerträgliche Schmerzen bereite. Ebenso missbilligt Soranus das Brennen des Nabelschnittes, weil auch dies schmerzliche Entzündungen hervorrufe.
[3]) op. cit.

das Kind in kaltes Wasser oder in den Urin eines gesunden Kindes (παιδὸς ἀφθόρου), zu tauchen oder auch mit Wein [1]) zu waschen, was auch dem stärksten Kinde schädlich sein müsse. Diese Ansicht ist volkommen gerechtfertigt, da bekanntlich grade bei ganz kleinen Kindern plötzliche Veränderungen der Temperatur sehr üble Folgen nach sich ziehen können. Derselben Ansicht wie Soranus war auch Galen [2]). Er spricht mit einer sehr grossen Erbitterung gegen die Sitte der Barbaren, ganz kleine Kinder zu baden. Einem Esel oder irgend einem anderen vernunftlosen Wesen sagt er, möchte es wohl dienlich sein, sich so abzuhärten, nicht aber einem vernünftigen Menschen. — Das Waschen in Salzwasser [3]) ist nach Soranus sehr zu empfehlen. — In den unächten Schriften des Hippocrates lesen wir, dass man mit der Durchschneidung des Nabelstranges sehr vorsichtig zu Werke ging. Die Kinder nämlich, deren Geburt eine sehr schwere und die Hilfe des Arztes erfordernde ist, leben, so lesen wir dort, nicht lange und die Nabelschnur darf nicht eher abgeschnitten werden, als bis das Kind Urin gelassen, geniest oder geschrieen habe. Die Amme müsse ein solches Kind sehr bewachen und ihm, wenn es Durst empfindet, Honigwasser zu trinken geben. Sieht man nun, dass das Kind sich bewegt und schreit, so könne man erst jetzt zur Durchschneidung der Nabelschnur schreiten, weil das Kind ja geathmet habe. Werde die Nabelschnur aber, was doch

---

[1]) Plutarche rzählt in seinem Lycurg, dass die Lacedämonier stets ihre Kinder in Wein wuschen. (ed. Reiske vol. I. pag. 197.
[2]) *De san. tuenda.* Lib. I. cap. X. 95. Kühne vol. VI.
[3]) conf. E. v. Siebold. Geschichte der Geburtshilfe, § 11, pag. 43.

vorkommen könne, nicht dick, und bewege sich das Kind nicht, so werde dieses Kind auch nicht leben können. Bei dieser Gelegenheit erinnern wir uns eines besonderen Falles, den Aristoteles [1]) beschreibt. Oefters scheine das Kind, so sagt er, todt zu sein, weil die Nabelschnur nicht gleich unterbunden worden wäre. Einige klügere ὀμφαλοτόμοι, so nennen nämlich die Griechen [2]) die Hebammen, drückten das Blut der Nabelgefässe zurück und brachten das gleichsam blutleere Kind wieder in's Leben. Es komt jedoch auch vor, dass bei diesem Procedere die Kinder von Krämpfen befallen werden und an diesen zu Grunde gingen. Dies war auch einer der Hauptgründe, weshalb man den Kindern erst nach Verlauf einer bestimmten Zeit den Namen gab. — Kehren wir nun zu Soranus zurück. Nach ungefähr drei oder vier Tagen fällt nach ihm [3]) der am Kinde gelassene Nabelstrang ab und es ist dann nöthig, die an dieser Stelle zurückgebliebene kleine Eiterung zu heilen. Dazu braucht man meist gebranntes und ausgewaschenes Blei, welches man auf den Nabel lege. Die Eiterungsstelle werde dann auf eine Narbe reducirt und dem Nabel dann eine bessere Form gegeben. Als vortheilhaft und sogar nothwendig nennt (Soranus eine Einstreuung von Salz oder Nitrum [4]) denn dieses ziehe die unreinen Stoffe, die sich von

---

[1]) Hist. anim. Liber VII, cap. XII, pag. 341. Ed. Jul. Caes. Scaliger. Tolosae 1619. fol.

[2]) „ἡ ὀμφαλοτόμος — — — τὸν ὀμφαλὸν τοῦ παιδίου πρόσθεν ταμοῦσα. Hipp. ΓΥΝΑΙΚΕΙΩΝ ΠΡΩΤΟΝ. Foës I. 608, ed. chart. VII. 757. ed. Kühn. 672.

[3]) Ed. Ermer. Traj. ad Rhen. 1869. 8. cap. XXXVI.

[4]) CO_2 NO.

Natur an dem Körper des Kindes befänden *(vernix caseos(?))*, zusammen, mache die zähen Massen flüssig, befördere ihre Entfernung und schütze so das Kind vor bösen Geschwüren. Das Salz solle aber fein gepulvert sein und so gestreut werden, dass es nicht in die Augen oder den Mund eindringe, wo es Entzündungen hervorrufe. Ueberhaupt solle man sich hüten zu viel Salz zu streuen. Bei zarten Kindern solle man Honig oder Gerstenmehl hinzusetzen. Nachdem das geschehen, solle das Kind in lauwarmen Wasser gebadet werden, worauf noch einmal eine Einstreuung und Abspülung mit Wasser erfolgen könne. Dabei solle man fleissig mit den Händen dem Reinigungswerke nachhelfen und die Nase und Mundöffnung von Unreinlichkeiten befreien. In die Augen solle man etwas Oel eingiessen, weil sonst leicht eine Stumpfheit derselben eintreten könnte. Nach geschehener Waschung soll der Nabel noch mit einer doppelt gelegten Binde oder mit in Oel getränkter Wolle umhüllt werden. Hierauf [1]) wird nun mit dem Wickeln des Kindes begonnen und hier ist auch Ort und Zeit den Gliedern ihre naturgemässe Lage zu geben, wenn sie bei dem Acte der Geburt vielleicht etwas verkrümmt oder verdreht wurden. Auch etwaige Quetschungen sind mit Bleiweis zu bestreichen, kurz, — man soll dem jungen und zarten Körper eine möglichst naturgemässe Lage geben (ὅθεν δεῖ διαπλάσσειν μὲν ὡς ἔχει ἔματτον φυσικοῦ σχήματος). Die unterdess bereit gelegten Binden und Wickeln von drei Fingerbreite müssen möglichst weich, rein und wollig sein. Bei dem Acte

---

[1]) Ed. Dietr. cap. 71, pag. 164. — op. cit. cap. XXXVII.

des Wickelns [1]) selbst ist eine grosse Vorsicht nöthig, damit der zarte Körper nicht durch Uebereinanderlegen der Bindenränder gedrückt werde. Man beginnt nach Soranus mit dem Wickeln der Hände, die leicht durch unregelmässige Bewegungen verrenkt werden, oder mit denen sich das kleine Kind in die Augen fahren könnte. Hierauf folgt die Einwickelung der Brust, dann die der unteren Extremitäten. Jeder Theil wird einzeln gewickelt, damit nicht etwa bei der nackten Anlagerung beider juckende Blattern durch Entwickelung starker Hitze entstehen. Die Binden werden dabei am Knie und den malleolis sowie an den Fusswurzeln angezogen und an den übrigen Stellen lockerer gelassen. Jetzt werden die Arme lang am Körper herunterhängen gelassen und der gesammte Körper noch vom Hals bis zu den Füssen in eine breite Binde eingehüllt. Auch der Kopf solle, so wünscht Soranus, mit einer Binde umhüllt werden und dann noch, um Reibung und Druck zu vermeiden, unter die Knochenvorsprünge „Malleolen, Condylen, Ellenbogen" Watte oder Wolle gelegt werden. Endlich wird der ganze Körper in eine andere Hülle eingewickelt und dann noch eine Windel untergelegt (εἰς ὑποδοχὴν τῶν σκυβάλων). — Keiner von den griechischen Aerzten hat uns das Wickeln des Kindes so ausführlich und gut beschrieben wie gerade Soranus. Galen [2])

---

[1]) Dass solches Einwickeln des Kindes, wie es Soranus vorschreibt, dem Kinde nicht nur nicht nützt, sondern sogar schadet, brauchen wir nicht erst weit auseinanderzusetzen. Es wird ja doch durch solche Einwickelung ein constanter Druck auf die verschiedenen Organe des Kindes ausgeübt und so die Entwickelung derselben gehemmt.

[2]) ΓΑΛΗΝΟΥ ΥΓΙΕΙΝΩΝ ΛΟΓΟΣ Α. cap. VI. ed. chart. cap. VI. in ed. Bas. — cap. VIII in ed. Kühn.

spricht zwar auch davon, jedoch mit nur wenigen Worten. Man solle, sagt er, das makellos geborene Kind mit Wickelbändern umbinden, dasselbe aber vorher mit Salz einreiben, damit die Haut dichter und fester werde (πυκνότερον καὶ στερρότερον δέρμα). Auch thäten Myrthenblätter gute Dienste. — Will man, um mit Soranus ¹) fortzufahren, das Kind zur Ruhe legen, so ist die Hauptbedingung eine weiche Unterlage, denn eine harte rufe Quetschungen und Eiterungen hervor, ganz abgesehen von Missbildungen des Kopfes und Verkrümmungen der Wirbelsäule, die durch Druck auf den noch weichen Schädel und die nachgiebige Wirbelsäule hervorgerufen werden. Das Beste sei ein Polsterlager oder in Ermangelung desselben ein Spreukissen, welches in Form einer Mulde hergestellt werden müsse. Auf diese Weise wird man das Kind besser hin- und herwenden können. Der Kopf muss dabei immer eine erhöhte Lage haben. Diese Unterlagen sollten je nach der Jahreszeit etwas erwärmt oder kühl gehalten sein. Von Zeit zu Zeit werden sie gelüftet, um durch üblen Geruch dem Kinde nicht zu schaden ²). In einem so eingerichteten Schlafzimmer überlässt man nun das Kind sich selbst, damit es ausruhe.

Ueber den Schlaf des Kindes erfahren wir zwar nichts von Soranus, dafür aber berichtet Aristoteles ³), dass kleine Kinder im Verhältniss zu den Er-

---

¹) Moschion cap. 69. ed. Dietz. cap. 72, pag. 167. — op. cit. cap. XXXI.
²) Ebenso soll das Schlafzimmer reinlich gehalten werden, — ohne üble Ausdünstungen, — nicht allzu hell und mässig erwärmt sein.
³) l. c.

wachsenen viel schlafen. Als Grund dessen giebt Aristoteles das nach oben Gehen aller Nahrung an. (!) Dies soll auch der Grund sein, weshalb kleine Kinder mehr der Fallsucht unterworfen sind als Erwachsene. Neugeborene und ganz kleine Kinder haben nach Aristoteles keine Träume, sondern erst vom vierten resp. fünften Jahre an. Aristoteles scheint aber über diesen Punkt mit sich selbst nicht einig gewesen zu sein, denn an einer anderen Stelle [1]) sagt er, dass die Kinder im Schlafe wohl träumen, es sei jedoch das Erinnerungsvermögen der verschiedenen Vorstellungen, die das Kind gehabt habe, noch zu wenig ausgebildet. Sollte hier Aristoteles Kinder, die bereits das fünfte Jahr überschritten hatten, im Auge haben? Zwei Tage lang nach der Geburt, soll man, so wünscht Soranus [2]) weiter, dem Kinde keine Nahrung geben (πάσης ἀπέχεσθαι προσφορᾶς [Muttermilch]), da es ja noch von der Nahrung, die es bereits im Mutterleibe von der Mutter erhalten habe, angefüllt sei. Diese müsse erst verdaut sein, bevor das Kind andere Nahrung erhalten könne. Eine Ausnahme macht man nur dann, wenn das Kind durch irgend eine Weise Hunger zu erkennen giebt. Soranus theilt also die Ansicht der Naturphilosophen, welche annahmen, dass schon im uterus das Kind Nahrung zu sich nehme. Vielleicht hat sie das μηκώνιον der Kinder zu dieser Ansicht verleitet. [3]) —

---

[1]) op. cit.
[2]) ed. Ermer. l. c.
[3]) Wahrscheinlich stellten sich die Naturphilosophen und Soranus vor, dass das Kindspech ein Produkt der verdauten Speisen sei und zwar um so mehr, weil die Kinder, wie Aristoteles (op. cit.) sagt, weit mehr Kindspech von sich geben, als man nach der Grösse des Kindes vermuthen sollte.

Nach Ablauf dieser zwei Tage dürfe man dem Kinde eine flüssige Speise geben (ὀστέον ἐκλείχειν τροφήν), aber nur keine Butter, weil diese für den Magen zu schwer sei, kein Abrotamum [1]) mit Butter, weil es zu scharf auf den Stuhlgang wirke, auch nicht Gerstengraupe (μακτὸς ἄλφιτος), weil sie Entzündungen und Verhärtungen hervorrufe. Dagegen sei Honigwasser, und zwar massig gekocht, zu empfehlen, denn es lässt das Unverdaute verdauen, reinigt Magen und Unterleib und erweicht die härteren Massen der Excremente im Leibe. Um dem Kinde Appetit zu erregen, solle man ihm den Mund vorher mit Honigwasser bestreichen [2]). Durch diese Massregel werden die Verdauungswege gereinigt und in Ordnung gebracht, so dass am nächsten Tage [3]) dem Kinde die Muttermilch gereicht werden könne. Dieselbe ist bis zum vierten Tage zähe, käsig und entsteht aus Theilen, die krank waren und erst in dieser Zeit sich einigermassen erholt haben. Er tadelt deshalb auch Demosthenes [4]), welcher das Kind bald nach der Geburt an die Mutterbrust anlegen liess, indem er von der richtigen Ansicht ausging, dass die Milch grade in dieser Zeit und nur deshalb entstanden sei, damit das Kind sofort Nahrung habe. Hat die Mutter keine Milch, so muss das Kind erst drei Tage lang mit reinem Honig genährt werden, in welchen man wohl

---

1) Artemisia Abrotamum L. (Eberrautenkraut — Stabwurzkraut — Citronenkraut.)

2) Derselben Ansicht ist auch Rufus. cf. Orib. III. 154.

3) also am vierten Tage.

4) Danach scheint es, dass auch ein Buch von Demosthenes über Kinderkrankheiten vorhanden gewesen. Welcher Art es aber war, ist nach Haeser (Gesch. d. M. III. Bearb. I. Band. pag. 224) „ungewiss".

auch etwas Ziegenmilch mischen kann. Darauf sei die reichlicher hervortretende Milch zu reichen. Es müsse aber stets vorher die erste Milch abgedrückt werden, weil sie zu dick sei. Ist nun die Mutter so glücklich, genug Milch zu besitzen, so ist die Milch der Mutter am besten zu brauchen, weil ja die Mutter das Kind am meisten lieben und am besten pflegen werde. Ausserdem sei es ja naturgemäss, dass das Kind, wie es vor der Geburt seine Nahrung von der Mutter erhalten habe, so auch jetzt von der eigenen Mutter gesäugt werde. Wie richtig diese Ansicht des Soranus war, beweisen die Worte Desommeraux's, der mehr als tausend Jahre später sagt [1]: „Sobald die Mutter sich von dem Geburtsakte erholt hat, soll man ihr das Kind an die Brust legen. Die freudige Hast, mit der das Kind saugt, sein öfteres Schreien, wenn es einige Zeit der Nahrung entbehrte, zeigen deutlich genug, wie sehr es nach der Mutterbrust verlangt; und welch' passenderes Nahrungsmittel kann man dem Kinde bieten, als das, welches die Natur selbst dafür bestimmt?". — Auch Hippocrates spricht von der Ernährung der Kinder in dem Buche ΠΕΡΙ ΟΔΟΝΤΟΦΥΙΑΣ [2]). Die starken Kinder — sagt er — nehmen im Verhältnisse zu ihrer Constitution nicht viel Milch zu sich; diejenigen aber, die viel Milch begehren, werden trotzdem nicht sehr stark und sind meistens viel zu Schlaf geneigt. Bricht das Kind 'die Milch aus, so ist dies ein Charakteristicon für eine Leibesverstopfung.

---

[1]) Bouchut. —. Traité pratique des maladies des nouveau-nés et des enfants etc. 2. édition. Paris 1852.
[2]) ed. Foës. Sect. III. pag. 49.

Soranus¹) ist trotzdem nicht absolut gegen eine Amme. Schon aus der Besorgniss, dass die Mutter durch das Säugen zu sehr angestrengt werden und allzu früh altern könnte, sei es oft geboten, eine Amme zu nehmen. Die Mutter könne dann auch spätere Geburten weit leichter überwinden, weil sie ja ihre Kräfte durch das Säugen nicht verloren habe. Auch der Gärtner, sagt Soranus in einem schönen, wahrhaft homerischen Vergleiche, verpflanze ja das aus einem Samen entsprossene Pflänzchen in einen anderen Boden, damit es bessere Nahrung und kräftigeres Gedeihen finde, und so könne man sich auch von dem Säugen durch eine gesunde Amme ein kräftiges und starkes Kind versprechen. Will man nun das Kind durch eine Amme säugen lassen, so solle man wohl darauf sehen, dass dieselbe nicht jünger als 20 Jahre²) sei, weil sie in einem so jungen Alter unmöglich viel Erfahrung in der Behandlung von Säuglingen haben könne. Sie solle aber auch nicht zu alt sein, weil sie dann für die Pflege des Kindes zu schwach und ihre Milch wässerig und untauglich sei. Nur solche Frauen seien zu Ammen zu wählen, welche schon zwei- oder dreimal geboren haben, da sie gewiss recht gut mit der Pflege des Kindes Bescheid wüssten und auch ihre Brüste von guter Beschaffenheit seien. Paulus von Aegina³), von welchem Gründer⁴) treffend sagt: „die seltenen und ausge-

---

¹) l. c.
²) Nach Oribasius (περὶ ἐκλογῆς τιθῆς III. B. 54) soll die Amme nicht unter 25 und nicht mehr über 35, nach Mnesitheus höchstens 32 Jahre alt sein.
³) Lebte unter der Regierung des Constantinus Pogonatus (668—685).
⁴) Geschichte der Chirurgie, pag. 85.

zeichneten Kenntnisse des Paul von Aegina erscheinen als letzte aufflackernde Flamme desjenigen Lichtes, welches Hippocrates angezündet hat und seine Nachfolger bis zu den ersten Jahrhunderten n. Chr. unterhalten haben", bespricht ebenfalls dieses Kapitel über die Wahl der Amme und ist derselben Ansicht wie Soranus. Er sagt [1]) nämlich, man solle stets eine ganz gesunde Amme wählen, die weder zu jung noch zu alt sei. Als Altersgrenze werden von ihm nach der einen Seite 25 nach der anderen 35 Jahre angegeben. Ferner soll nach ihm die Amme eine grosse Oeffnung *(pator)* in den Brustwarzen haben, die weder „*conniventes*" noch „*aversae*" sein dürfen. Der übrige Körper dürfe weder zu fettreich noch zu mager sein. Als ein grosser Vortheil für das zu säugende Kind sei es ferner zu erachten, wenn die Amme nicht lange vorher, besonders wenn sie einen Knaben geboren habe. Auch Soranus verlangt wie Paul von Aegina, dessen Capitel über die Wahl der Amme Oribasius [2]) in seinen berühmten Συναγωγαὶ ἰατρικαί erwähnt, dass die Brüste gross seien, etwas schlaff, weich und ohne Runzeln; dass weiter die mamillae die richtige mittlere Grösse besitzen, auch nicht zu enge oder zu weite Oeffnungen haben. Im letzten Falle nämlich spritzt nach Soranus die Milch in zu dichten Strahlen aus, so dass das Kind leicht ersticken könne. Bei zu kleinen Warzen habe

---

[1]) *P. Aeginetae Opera interprete Jo. Guinterio Andernaco ejusdem et J. Cornarii annotationes etc.* Lugd. 1567. 8. *Lib. I, Cap. II. pag.* 10.

[2]) Aus Pergamus oder Sardes, geb. 326 n. Chr. — Schüler des berühmten Zeno von Cypern, der sich in der inneren Heilkunde grosse Verdienste erworben.

das Kind Mühe sie fest zu halten, auch gäben sie zu wenig Milch und liessen bei dem jungen Weltbürger Schwämmchen (ἄφθαι) auftreten. Vor allen Dingen aber solle die Amme gesund sein, weil sonst leicht Krankheiten auf den Säugling übertragen werden könnten; sie müsse aber auch eine kräftige Gestalt und gesunde Gesichtsfarbe haben, weil dann ein genügendes Quantum Milch bei ihr vorauszusetzen wäre. Ferner müsse die Amme enthaltsam in *baccho et venere* sein. Durch geschlechtlichen Umgang der Amme z. B. meint Soranus [1]) werde die Milch vermindert und verschlechtert. Hierin stimmen ihm auch die anderen griechischen Aerzte bei. So sagt Galen [2]): Eine säugende Frau solle sich jeder Sinneslust enthalten, denn durch den Beischlaf werden die monatlichen Reinigungen hervorgerufen, (αὗτε γὰρ ἐπιμήνιοι καθάρσεις ἐρεθίζονται μιγνυμέναις ἀὁράσι), welche den Geruch der Milch inficiren (! ?). Auch könnte die Amme dabei concipiren, was für den Säugling von den schlimmsten Folgen wäre, weil dadurch für ihn die besten Bestandtheile des Blutes der Amme verloren gingen. Das Blut einer Schwangeren nämlich sei verändert und dadurch werde die Milch qualitativ und quantitativ schlechter [3]). — Der Genuss scharfer Getränke schadet nach Soranus dadurch, dass dieselben durch die Milch auch dem Kinde mitgetheilt werden, und bei ihm Apoplexie und Convulsionen erzeugen. Ferner solle die Pflegerin sich

---

[1]) l. c.
[2]) op. cit. cap. IX.
[3]) Auch Oribasius ist gegen den Coitus der Ammen (περὶ ἐκλογῆς τιθῆς — περὶ τῆς τροφῆς Orib. III. Aët. IV., 6.)

liebevoll gegen das Kind zeigen, dasselbe nicht lange schreien lassen, vielmehr bald mit gütlichem Zuspruch besänftigen. Sanftmuth der Amme sei daher nöthig, weil der Säugling den Charakter der Amme mit der Milch einsauge und so ein mürrisches und jähzorniges Wesen der Amme leicht sich aneignen könne. Jähzornige Ammen könnten sogar den Säugling in Gefahr bringen, weil dieselben, erbittert durch das laute Schreien, ihn um ihn still zu machen, auf den Kopf stellen könnten (!) Schliesslich empfiehlt Soranus [1]), noch darauf zu achten, dass die Amme das Kind reinlich halte, um es vor Geschwüren und Krankheiten zu bewahren. Dagegen spottet er mit Recht über den Glauben, dass eine Frau, die einen Knaben geboren habe, kein Mädchen säugen dürfe und *vice versa*. Endlich solle die Amme eine Landsmännin des Säuglings sein, damit das von ihr gestillte Kind bald die Muttersprache erlerne. Wenn die Eltern des Kindes wohlhabend sind, so sollen sie sich mehrere Ammen zugleich halten, da doch einer leicht Unfall zustossen könnte und man dann wegen der Nahrung für das Kind in Verlegenheit geriethe. Was nun die Nahrung selbst, also die Milch anlangt [2]), so dürfe man nicht unterlassen, dieselbe genau zu prüfen, und zu untersuchen ob sie gut sei. Schon die Thatsache, dass man eine gesunde, kräftige Amme vor sich habe, erlaube zwar den Schluss auf eine gute, nahrhafte Milch, am meisten aber spreche dafür das gute Aussehen des Säuglings. Bei dieser

---

[1]) l. c. in ed. Ermer.
[2]) Mosch. cap, 74. ed. Dietz. c. 72 pag. 176. — op- cit. cap. XXX.

Gelegenheit warnt jedoch Soranus [1] ausdrücklich davor, von einem elenden Kinde immer auf eine schlechte Beschaffenheit der Milch und der Nahrung zurück zu schliessen, weil das schlechte Aussehen durch eine Krankheit des Säuglings bedingt sein könne. Sichere Schlüsse auf die Güte der Milch könne man ziehen aus ihrer Farbe, ihrem Geruche, ihrer Consistenz, dann aus ihrem Geschmacke und ihrer Unzersetzlichkeit. Die Farbe einer guten Milch müsse weisslich sein, sei sie dagegen bläulich oder blassgrau, so ist sie verdorben. Hat die Milch eine Gypsfarbe, so ist sie dick und schwer verdaulich, ebenso die gelbliche Milch. Der Geruch darf weder scharf, käsig noch auch sauer sein, denn solche Milch bildet schlechte Säfte. Ferner soll dieselbe eine homogene Consistenz haben, denn wenn dieselbe Fasern und rothe Streifen zeige, so sei sie gleichfalls schwer verdaulich. Wenn sie eine mässige Dichtigkeit besitzt, so sei sie gut zu nennen, denn allzu flüssige und wässrige Milch nährt nicht und bringt Blähungen im Unterleibe hervor. Ebenso ist allzu dicke Milch nicht gut, da sie leicht durch Versperrung der Athmungswege Erstickung verursachen könne [2]. Eine gute Milch sei daran zu erkennen, dass sie auf eine glatte Unterfläche z. B. auf den Nagel oder ein Lorbeerblatt gebracht, nicht rasch zerfliesst, auch sich nicht zusammenzieht, wie der Honig, sondern sich nur ganz langsam ausbreitet. Auch könne man die Güte der Milch daran

---

[1] ed. Dietz. cap. 72.
[2] Soranus glaubte danach, die Nahrung gehe durch die trachea in den Magen.

erkennen, dass sie mit Wasser gemischt nach nicht zu langer Zeit eine vollständige, weisse Lösung gebe. Dagegen sei eine sich sogleich auflösende Milch, ebenso solche, welche nach dem Stehen einen Bodensatz zurücklässt, schlecht. Ebensowenig solle die Milch schäumen, denn dann sei sie die Ursache einer zu grossen Erregbarkeit. Ueberhaupt sei die Milch derjenigen Amme am besten, bei welcher sie auch durch eine schlechte Lebensweise nicht schlechter werde, sondern immer an Güte dieselbe bleibe. — Die Lebensweise [1]) der Amme habe den grössten Einfluss auf die Beschaffenheit der Milch und ihr reichliches Vorhandensein. Gehe der Amme die Milch aus, so bekommt das Kind eine schlimme Krankheit des Mundes, da es zu stark an den Warzen zieht, ohne etwas daraus zu bekommen. Um dieses zu verhüten, solle sich die Amme Bewegung verschaffen durch nicht allzu anstrengende körperliche Verrichtungen. Besonders dienlich seien solche Beschäftigungen, durch welche die Theile an der Brust gestärkt werden z. B. das Brodbacken, Wasserschöpfen und ähnliche Arbeiten, die stets nach dem Aufstehen vorgenommen werden sollen. Auch Paul von Aegina [2]) verordnet den Ammen solche körperliche Uebungen, indem er sagt: „Die Amme soll ihre Arme und Schultern üben, etwa z. B. durch Mahlen [3]) und Weben". — Soranus [4]) empfiehlt ferner den Ammen das Baden und zwar zuerst mit

---

[1]) op. cit. cap. XXXII.
[2]) *Opera P. Aeginetae, interprete Guinterio Andernaco etc.* Lib. I. cap. II. pag. 10.
[3]) ἀλείτω cf. op. cit. Lib. I. pag. 11.
[4]) l. c.

warmem hierauf mit kaltem Wasser. — Bei der Diät der Ammen sollten alle die Speisen vermieden werden, die schwer verdaulich seien oder schlechte Säfte bildeten; nahrhafte dagegen und leicht verdauliche dürften allein verabfolgt werden. Der Genuss von Knoblauch, Schnittlauch, Zwiebeln, Hülsenfrüchten und Salzfischen ist gänzlich zu vermeiden, denn dergleichen Speisen machen die Milch zu scharf. Eben dieselbe Wirkung haben die Gemüse. Dagegen empfiehlt Soranus [1]) schwach gewürzte Sachen. — In den ersten acht Tagen sollen die Ammen ganz einfache Speisen geniessen wie z. B. etwas fette Brühe, Eier, Brod und mit etwas Wasser verdünnte Getränke. Die Milch wird dadurch schmackhafter und für das junge Kind leichter verdaulich. Nach dieser Zeit erlaubt Soranus den Genuss von Ferkelfleisch, Gehirn und einem kleinen, leicht verdaulichen Fisch. Später könne die Stillende schon festere Nahrung und allmälig weitergehend, Wildpret und verschiedene andere nahrhafte und festere Speisen geniessen. Es sei jedoch gerathen, bis zum 40. Tage den Trunk mit etwas Wasser zu vermischen und dann erst hin und wieder süssen Wein zu geniessen. Ist das Kind schon kräftiger geworden, so darf die Amme auch täglich Wein und zwar älteren und stärkeren trinken; anfangs einmal, später zwei bis dreimal *pro die*. Bei einer so allmäligen Steigerung könne das Kind auch die beim Weingenuss der Amme entstandene Milch ohne Schaden geniessen. Auf die Frage, die noch gestellt werden könnte, weshalb denn, wenn das Kind noch im Mutterleibe ruhe,

---

[1]) ed. Ermer. l. c.

ihm die verschiedenen Speisen und Getränke der Mutter nicht schaden, antwortet er [1]), dass ja dort das Kind noch als ein Bestandtheil der Mutter anzusehen sei. Nach der Geburt wird es ein selbstständiges, aber schwaches Wesen, dass sich erst allmälig an Nahrung und überhaupt an die Aussenwelt gewöhnen muss. — Wenn Soranus erlaubt, dass die Amme mehrere Male täglich Wein trinken dürfe, so will er keineswegs damit sagen, dass sie zuviel des Guten thun solle, denn er habe, wie er sagt, Fälle beobachtet, in denen die Kinder durch zu starkes Trinken der Ammen Krämpfe bekamen. Diese Vorschriften rufen uns das schöne Wort des grossen Coërs: μετρίου μᾶλλον γενομένα κακόν [2]) in's Gedächtniss. — Hat die Milch aus irgend einem Grunde abgenommen oder ist sie dünner geworden, so muss man, so meint Soranus [3]), an Ersatz für die Nahrung denken. Das erste und beste Hilfsmitel sei allerdings eine andere Amme. Gestatten jedoch dies den Eltern die Verhältnisse nicht, so müsse man der alten Amme Verhaltungsmassregeln vorschreiben, damit das Kind keinen Schaden erleide. Zunächst soll man prüfen [4]), ob die Stockung der Milch auf irgend einer Störung der Functionen des Unterleibes beruhe oder auf einer Krankheit, die den ganzen Körper befallen habe oder endlich, ob die Natur der Amme so beschaffen sei, dass sie eben nicht mehr die nöthige Milch erzeugen könne. Eine vorhandene Krankheit müsse mit den zweck-

---

[1]) cap. XXXII.
[2]) Aphor.
[3]) l. c. cap. XXXIII. ad. Erm.
[4]) l. c. capt. XXXIII.

mässigsten Mitteln curirt werden, dann würde sich auch bald wieder gute Milch einstellen. Im anderen Falle sei Bewegung anzurathen, Waschungen und Abreiben der Brüste, überhaupt Mittel, welche namentlich die oberen Theile des Körpers stärken, ebenso auch roborirende Nahrungsmittel. Bei dieser Gelegenheit tadelt Soranus den Rath des Arztes Mnesitheus [1]), welcher den Ammen zweimal täglich Brechmittel vorschreibt, denn durch das Erbrechen werde der Magen verdorben. Diese Cur sei nur für den Fall indicirt, wenn man dadurch eine langwierige Krankheit vertreiben wollte. Ebenso ungesund für den Magen seien aromatische Getränke oder gar die Asche von Eulen und Fledermäusen(!), die man oft in die Getränke schütte. — Bei dick gewordener Milch lässt Soranus Bäder brauchen und wenig nährende Speisen essen. Der Gebrauch von salzigen Speisen, wie ihn Moschion und Paros anrathen, sei nicht anzuwenden. Die Milch werde dadurch wohl dünner, doch ihr Geschmack beissend und ihre Wirkung schädlich. Bei zu dünner Milch sei ein Brei von Mehl und Spelt anzurathen. Habe man so für eine gute Milch gesorgt, so müsse man, wie Soranus [2]) wünscht, sich auch um die weitere Pflege des Kindes bekümmern. Dazu gehört vor Allem das Baden des Kindes. Auch hier erinnert uns der Ephesier an den Ausspruch des Hippocrates: πᾶν τὸ πολὺ τῇ φύσι πολέμιον. Er missbilligt nämlich zu häufiges Baden, da sehr leicht dadurch Erkältungen

---

[1]) ed. Erm. op. id.
[2]) l. c.

hervorgerufen werden könnten. Desshalb will er das Kind nur einmal täglich gebadet wissen, nicht aber dreimal des Tages, wie es die meisten Mütter thun. Hippocrates räth in seinem Buche: περὶ διαίτης [1]) kleine Kinder stets warm zu baden. Auch sollen sie längere Zeit im Bade bleiben. Das Verhalten beim Baden giebt Soranus folgendermassen an. Zunächst solle man dazu ein mässig erwärmtes Zimmer wählen, mit nicht zu hellem Lichte. Dann soll die Amme sitzend das Kind auf ein leinenes Tuch legen, dass sie über ihre Knie ausgebreitet halten muss, es von den Windeln und Binden befreien und hierauf mit warmem Oel einreiben. Dann müsse sie mit ihrer Linken unter die Achsel des Kindes fassen, so dass die Brust desselben an ihrem Ellenbogen anliegt. Ist nun das Kind etwas auf die rechte Seite geneigt, so soll die Amme mit ihrer Rechten Wasser neben das Kind giessen, welches soweit erwärmt sein müsse, dass es das Kind gerade ertragen könne. Damit sei so lange fortzufahren, bis der ganze kleine Körper roth und gleichmässig warm geworden sei. Sodann muss das Kind umgedreht und die Glieder und Körperöffnungen desselben abgespült und abgewaschen werden. Hierauf taucht man den Zeigefinger in reines Wasser oder Oel, nimmt damit den im Munde angesammelten Schleim weg und reibt dann gelinde Zunge,

---

[1]) Diese Schrift ist nach Haeser (Gesch. d. Med., I. B., pag. 128) „unbestimmten Ursprungs aus dem Zeitalter des Hippocrates". Einige halten für den Verfasser dieser Schrift den Schwiegersohn des Hippocrates, Polybus, einige den Euryphon, Phaon, Ariston, und endlich Manche den Pherekydes

Zahnfleisch und Mundwinkel. Gleichzeitig soll [1]) auch der Unterleib leicht comprimirt werden, um eine Harnentleerung hervorzubringen. Das in Nase oder Ohren beim Baden eingedrungene Wasser soll ausgesaugt werden. Hat man das Kind nun so in warmem Wasser genug gewaschen und abgespült, so thue man dasselbe einige Tage später mit kaltem Wasser, damit es auch daran gewöhnt werde und gegen Erkältung gesichert sei. Auch nach Galen [2]) soll man das Kind täglich baden [3]). Dasselbe dürfe aber vor der Einreibung und vor dem Baden nicht essen. Vom 3. Jahre an darf man es nur jeden dritten oder vierten Tag baden. Das Wasser [4]) müsse stets mehr lau als kalt sein. Nach dem Bade wird nach Soranus [5]) das Kind am besten an den Knöcheln derart gehalten, dass es mit dem Kopfe nach abwärts hängt: Die Wirbelsäule werde dadurch ausgedehnt. Nach dem Bade müsse das Kind auch sorgfältig gesalbt und an allen Theilen abgerieben werden. Man verfährt hierbei so, dass man mit dem Ballen der rechten Hand von der linken Hinterbacke nach oben quer hinüberreibt und dann von dem linken Schulterblatte nach der rechten Seite des Körpers. Die Glieder biege man dann auf die Weise, dass das äusserste Ende des rechten Fusses das äusserste Ende

---

[1]) l. c.
[2]) ΓΑΛΗΝΟΥ ΥΓΙΕΙΝΩΝ ΛΟΓΟΣ cap. X. ed. Kühn. Cap. VI. ed. Chart. — Ed. Bas IV. pag. 50 ff.
[3]) F. Heyfelder: Die Kindheit der Menschen. Ein Beitrag zur Anthropologie und Psychologie. Erlangen 1858, pag. 62.
[4]) l. c. cap. XII. ed. Kühn. Ed. Bas IV. pag. 50 ff.
[5]) l. c.

der linken Hand berührt und ebenso der linke Fuss die rechte Hand. Dadurch werden die Sehnen und Bänder der Gelenke weicher und beweglicher. Sei bei dieser Procedur etwas Zähes (γλισχρῶδες), Weiches in die Gelenke getreten, so solle man es ausdrücken(!). Nun folgen Bewegungen und Streckungen von allen übrigen Körpertheilen, so z. B. an den Fussgelenken. Man solle dann die Glieder abreiben, wobei immer darauf zu sehen ist, dass man sie in eine schöne und regelmässige Form bringe [1]. So solle man z. B eine schöne Aushöhlung in der Rückenfurche hervorbringen, indem man mit den Fingern von der Hinterbackenfurche nach dem Hinterhaupte, also über die Wirbelfortsätze hinauf- und wieder zurückstreicht. Bei dem Abreiben des Kopfes sei darauf zu achten, dass man ihm eine möglichst runde und schöne Gestalt gäbe. Man drückt ihn mit den Händen so, dass man die eine Hand an das Gesicht, die andere an das Hinterhaupt, oder die eine an den Scheitel, die andere an das Kinn legt. Um die Wirbel gelenkig zu machen, räth Soranus [2] mit dem Kopfe verschiedene Bewegungen vorzunehmen. Nach Allem dem solle man das Kind umdrehen und die Vorderseite, also Bauch, Brust, Arme und Beine salben. Die Nasen- Augen- und Ohrenöffnungen sollten gut getrocknet werden. Eine zu kurze Vorhaut sei durch Herüberziehen über die Eichel auf die normale Länge zu bringen. In gleicher Weise sei auch das *scrotum* in eine gute Form zu bringen. Damit dasselbe nicht gedrückt werde, sei Wolle zwischen

---

[1] ed. Erm. op. cit. cap. XXXIV.
[2] l. c. cap. XXXIV.

die Schenkel zu legen. Das Einreiben des Körpers mit Tyrrhenischem Wachs, welches die Ernährung und Schönheit der Haut begünstigt, empfiehlt er sehr. Nachdem all' dies geschehen solle das Kind wieder gewickelt und dabei etwa allzustark aufgetragenes Oel abgewischt werden [1]). Erst einige Zeit nach dem Bade dürfe dann das Kind an die Brust gelegt werden. Auch räth er, die Amme vorher Wasser trinken zu lassen, damit die Nahrung in dem erhitzten Körper nicht Entzündung verursache. Noch sicherer sei es, die erste Milch abzudrücken. Beim Säugen soll alsdann die Amme selbstverständlich nur sitzen und den Kopf des Kindes etwas höher halten, um dem Ersticken vorzubeugen. Auch sei es sehr rathsam [2]) nicht immer mit nur einer Brust also beispielweise der linken zu stillen, sondern mit den Brüsten abzuwechseln. Ferner dürfe die Amme nicht gleich nach ihrem Erwachen dem Kinde die Brust reichen, sondern sie vorher reiben, bewegen und erst dann säugen, wodurch eine etwas dicker gewordene Milch wieder verdünnt werde. Auch dürfe sie übrigens dem Kinde nur eine mässige Menge Milch reichen und es dann zum Schlafen niederlegen. Dabei müsse das Kind durch zweckmässiges Zudecken vor Licht geschützt werden. Niemals aber und namentlich in der ersten Zeit dürften Kind und Amme zusammenschlafen, weil die letztere es im Schlafe erdrücken könnte. Vielmehr muss das Kind in einer Wiege in der Nähe der Amme liegen, damit dieselbe schnell zur Hand sein könne.

---

[1]) op. cit. cap. XXXV.
[2]) ib.

Sie darf jedoch nicht zu oft die Brust reichen, weder bei Tage noch bei Nacht, damit die genossene Milch auch immer erst gut verdaut werde, ehe neue in den Magen kommt. Da die Milch sich schnell wieder ersetze, so schadet öfteres Anlegen den Ammen nicht. Sei das Kind satt, so lasse es die Brust von selbst los. Daher tadelt es Soranus [1]) stark, dass die Ammen den Kindern, damit sie nicht weinen, die Brust reichen oder wenn die Kinder schlafen die Warzen im Munde lassen. Durch letztere Angewohnheit könnten die Kinder leicht erstickt werden(!). Auch sei es nicht gut, die Kinder jedesmal wenn sie schreien, durch das Reichen der Brust beschwichtigen zu wollen. Denn auch das Schreien sei für die Kinder insofern vortheilhaft, als dadurch die Lungen gestärkt werden; wiewohl andererseits wiederum zu lang anhaltendes Weinen sowohl den Augen schadet als auch ein Hinabsenken der Eingeweide nach dem Hodensacke *(Hernia scrotalis)* hervorrufe. Auch weine das Kind oft nicht aus Hunger, sondern weil es entweder die Binden drücken, oder es sich aus irgend einer andern Ursache nicht wohl fühle. Man muss dann zur Abhilfe der Beschwerden die bezüglichen Mittel anwenden. Ob das Schreien des Kindes ein Zeichen des Hungers ist, ersieht man am besten nach Soranus daraus, dass dasselbe dann die Lippen bewegt, den Mund öffnet, und an dem in den Mund gesteckten Finger stark saugt. Bei einem Unwohlsein dagegen wird es auch die dargebotene Brust zurückweisen. — Nach dem Trinken sollen die Kinder nicht gleich zu sehr bewegt oder

---

[1]) Sorani opera. Ed. Ermer. cap. XXXV.

geschüttelt werden, denn dadurch verderbe die Nahrung und verursache Erbrechen, wie ja auch Bewegung nach dem Essen selbst erwachsenen Leuten nicht zuträglich sei. Es ist also das mit Unrecht den alten Aerzten in den Mund gelegte: *post coenam stabis, seu mille passus meabis* [1]), auch nach Soranus nicht richtig. — Eine kurze Zeit nach dem Essen räth [2]) Soranus, das Kind mässig zu wiegen. Wenn es vier Monate ist, dürfe die Amme es auch auf ihren Armen tragen oder in einem Wagen umherfahren. Das Tragen auf dem Rücken sei den Ammen zu verbieten, weil dadurch oft die Hoden nach aufwärts gedrängt würden (!). Habe man das Kind nach dem Tragen niedergelegt, so solle man ihm bei etwaigem Schreien irgend eine Unterhaltung durch Spielzeug bereiten und es auf diese Weise beruhigen. Mit der Zeit dürfe man das Kind von den Wickeln befreien. Soranus gibt keine bestimmte Anzahl von Tagen dazu an, beschränkt sich vielmehr darauf, zu sagen, es könne geschehen, sobald durch Entfernung der Binden keine Missbildung irgend eines Körpertheiles mehr zu fürchten sei. Daraus geht hervor, dass für jedes Kind dieser Zeitpunkt verschieden sei. Hierbei sollen aber nicht etwa alle Binden zu gleicher Zeit abgenommen werden, weil die ungewohnte Freiheit dem Kinde Beschwerden verursachen könnte. Man solle vielmehr z. B. zuerst mit dem Abwickeln eines Armes beginnen, einige Tage darauf mit dem des anderen, und

---

[1]) Diese so viel und so oft gebrauchten Worte (z. B. in Goethes Goetz 1. Act) konnte ich bei den Alten nirgends finden. Selbst im Mittelalter scheint dieser Ausspruch unbekannt gewesen zu sein.

[2]) l. c. ed. Er. cap. XXXV.

hierauf mit dem der Füsse. Es sei auch immer mit der rechten Seite anzufangen, damit sich diese freier bewegen könne als die linke. So werde die Entwickelung der Linkshändigkeit verhindert. Sei das Kind stärker geworden, so solle man auch mit den Zimmerbädern aufhören und dafür offene Bäder beginnen, da hier eine angemessenere Temperatur vorauszusetzen sei. Dieser Ansicht ist auch Galen.[1]) Er sagt: Das Baden solle vom 3. Jahre an nur jeden 3. oder 4. Tag geschehen und zwar nicht nur im warmen Bade, sondern bei schönem Wetter auch im Flusse. — Das musste eine bunte, bewegte Scene für Auge und Ohr gewesen sein, wenn für alle die Kinder die öffentlichen Bäder benutzt wurden. Prof. Haeser[2]) sagt darüber sehr treffend: „Selten wird man sich die Scene vergegenwärtigen können, welche das gewiss sehr ansehnliche Contingent von kleinen Kindern in den Thermen hervorrief!" — Hat sich das Kind, sagt Soranus weiter, etwa durch Druck der Windeln wundgerieben oder sind aus irgend welchen Gründen Eiterungen entstanden, so solle man das Wickeln ganz sein lassen, dem Kinde ein kleines, dünnes Unterkleidchen anziehen und die Eiterungen mit den gewöhnlichen Mitteln heilen. Sei das Kind nun so alt und kräftig geworden, dass es versucht sich zu erheben und zu sitzen, so müsse man es bei diesem Versuche gut unterstützen. Dies dürfe aber weder zu früh und zu lange geschehen, weil sonst leicht eine Verkrümmung der Wirbelsäule eintreten könne. Durch allzuzeitige

---

[1]) op. cit. cap. X ed. Kühn. Lips.
[2]) Geschichte der Medicin I. Band pag. 314.

Gehversuche werden die Unterschenkel gekrümmt, die bei ihrer Weichheit die ganze Last des Körpers zu tragen hätten. Man soll daher den Kindern beim Sitzen durch herumgelegte Kleider etc. eine feine Stütze geben, beim Stehen und Kriechen sie an eine Wand anlehnen. Zum Laufenlernen sei ein Laufständer d. h. ein mit Rädern versehener Korb angebracht. So lange das Kind bei dieser Pflege und Behandlung kräftig bleibe, solle es nur die reine Milch aus der Brust erhalten, da es, so lange die Verdauungswege noch eng seien, gefährlich sei, festere Nahrungsmittel zu reichen. Letztere gebe man erst, wenn der Körper stark geworden sei, was nicht vor dem sechsten Monate eintritt. Von dieser Zeit ab darf man ihm schon mehlhaltige Speisen zukommen lassen, wie Brot in Wasser, Honigwein, Milch, auch Brühe von Spelt, weiche Eier. Zwischen solchen Speisen sei keine Milch zu reichen. Wenn das Kind Durst zeige, so sei ihm Wasser oder mit Wasser verdünnter Wein zu reichen und zwar mit der Flasche. Schon Hippocrates[1]) empfahl kleinen Kindern verdünnten und mässig kalten Wein, ermahnt aber zur Vorsicht, da derselbe den Leib auftreibe und Blähungen verursache. Hippocrates verordnet den Wein deshalb, weil Convulsionen dadurch verhütet, die Kinder gross werden und eine gesunde Gesichtsfarbe erhalten. Dieser Ansicht des Hippocrates scheint Galen[2]) nicht zu huldigen. Der Genuss des Weines sei seiner Meinung nach den Kindern deshalb schädlich, weil dadurch dem Körper zu viel Feuchtigkeit zugeführt, das Blut erhitzt

---

[1]) περὶ διαίτης.
[2]) l. c. cap. XI.

und der Geist aufgeregt werde. Wasser, hauptsächlic das Quellwasser sei dagegen für Kinder sehr gut. Man solle sich aber vor unreinem Wasser hüten. Durch Erwärmen verliert das Wasser viel von seiner Schädlichheit. Ebenso wie nur das reine Wasser, so ist auch nach Galen nur die reine Luft den Kindern zuträglich und zwar am meisten diejenige, die entgegengesetzt ist der, woran das Kind Ueberfluss hat. So sei für ein an Trockenheit leidendes Kind die feuchte, für ein an Feuchtigkeit leidendes dagegen die trockene Luft gesund. — Es sei sehr schädlich, sagt Soranus, dem Kinde die Speisen vorgekaut in den Mund zu bringen, hauptsächlich wegen des Speichels, der damit vermischt ist. Galen[1]) ist hier wiederum anderer Meinung. Das Kind müsse nach ihr bis zu der Zeit, wo es Zähne bekommt, nur mit Milch genährt werden, dann könne man allmählich mit schwerer verdaulichen Speisen den Anfang machen. Zuerst solle es Brod bekommen, dann Gemüse, zuletzt Fleisch, doch stets gekaut. — Von Gewürzen räth Soranus Mohn und Sesam zu vermeiden, welches sogar Erwachsenen schädlich ist. Sobald das Kind anfängt gern die mehlhaltigen, festen Speisen zu nehmen und die Zähnchen durchzubrechen beginnen, also auch Hoffnung vorhanden ist, es werde in kurzer Zeit noch festere Speisen zerkleinern können, soll man dasselbe allmälig der Brust entwöhnen und ihm immer mehr festere Nahrung reichen. Durch solch' allmäliges Entwöhnen wird sowohl das Kind als auch die Säugende gesund erhalten. Verwerflich sei es, die Saugwarzen mit einem bitteren

---

1) cf. t. c. in ed. Kühn. Lips.

Stoffe zu bestreichen, um sie dem Kinde zu verleiden. Durch den ungewohnten Geschmack werde das Kind erschreckt und leicht krank. Die günstigste Zeit an Entwöhnung sei der Frühling, der ja nach Soranus an und für sich sehr heilsame Luft mitbringt. Wenn Mnesitheus und Aristinax rathen, die Mädchen, weil sie schwächer seien, sechs Monate später zu entwöhnen als die Knaben, so haben sie nach Soranus ganz übersehen, dass viele Mädchen die Knaben an Stärke und Dicke übertreffen. Von Anderem als der Milch soll man das Kind nicht entwöhnen; so z. B. soll man vom täglichen Baden nicht eher abstehen als bis die Zähnchen durchbrechen, mithin nach $1\frac{1}{2}$ oder 2 Jahren. Hat das Kind einen fetten Körper bekommen und ist sein Athem schwer, so soll man ihm die Fleichnahrung entziehen. — Ist das Kind esslustig (βαρών), und will es mehr essen, als es verdauen kann, so muss man es durch allerlei Zerstreuung vom Essen abzubringen suchen; im entgegengesetzten Falle soll man ihm die Nahrung in der verschiedensten Form reichen, um es zum Essen zu reizen. Paul von Aegina[1]) giebt genau die Zeichen dafür an, wann das Kind satt ist. Er sagt: Wenn sich das Kind voll gegessen habe, so werde es mehr zum Schlafe geneigt und träger erscheinen. Der Bauch schwelle an und der abgehende Urin werde wässriger. Habe man diese Merkmale erkannt, so solle man dem Kinde nicht eher etwas reichen, als bis es die aufgenommenen Speisen verdaut habe. — Habe die Entwöhnung das Kind krank gemacht, so solle man nach

---

[1]) P. Aeginetae opera. — Guint. Andernaco interprete. op. cit. Lib. I.

der Angabe des Ephesiers [1]) sofort wieder zur Milch zurückkehren und erst dann damit aufhören, wenn das Kind stark genug sei, die Milch entbehren zu können.

Wir haben uns im Vorstehenden absichtlich darauf beschränkt, nur die Ansichten der griechischen Aerzte über die Geburt und die erste Pflege des Kindes auseinanderzusetzen. Um der uns gestellten Aufgabe ganz und voll gerecht zu werden, bleibt uns jetzt noch übrig, zur Erleuterung und vergleichenden Analyse der griechischen Ansichten gegenüber den modernen einen kritischen Rückblick auf die vorgetragenen Anschauungen der Griechen zu werfen,

Was zuerst die geburtshilflichen Anschauungen anlangt, so haben wir schon in einzelnen, hier und da eingestreuten Bemerkungen, wiederholentlich Zweifel an der Richtigkeit der griechischen Maximen ausgesprochen. Die ganze Idee z. B., dass sich aus bestimmten Zeichen die Geburt eines Knaben oder Mädchens prognosticiren lasse, ist vor dem Lichte der modernen Forschnng nicht stichhaltig. Alle Merkmale, welche man für die Geburt eines Knaben oder eines Mädchens aufgestellt hat, sind trügerisch und unhaltbar. Dagegen bestehen die Anschauungen der griechischen Aerzte über die Lebensfähigkeit des siebenmonatlichen Kindes bis zum heutigen Tage in voller Kraft. Die Ansicht indessen, dass das siebenmonatliche Kind lebensfähiger sei, als das im achten Monat geborene, ist heute nicht mehr aufrecht zu erhalten, da wir wissen, dass ein Kind um so lebensfähiger ist, je länger es im Mutterleibe verweilt halt. —

---

[1]) l. c. ed. Erm.

Was die Lehren über die Pflege des neugeborenen Kindes betrifft, so muss man staunen über ihre Zweckmässigkeit, Einfachheit und Folgerichtigkeit. Man kann im Ganzen genommen dieselben auch noch heute unterschreiben. Besonders hervorzuheben ist das grosse Gewicht, welches die griechischen Aerzte auf die Hautcultur legen und es beschleicht den mordernen Forscher eine tiefe Betrübniss, wenn er sieht, wie bei uns vom gewöhnlichem Volke dieser hochwichtige Gegenstand so schwer vernachlässigt wird. Grade wie es Soranus vorschlägt, revidiren wir auch heute noch das neugeborene Kind auf seine Lebensfähigkeit und auf die vollständige Entwickelung aller seiner Organe. Alles was Soranus über die Ernährung des Kindes sagt, behauptet noch heute seine Giltigkeit, wenn man auch die Motive überall nicht anerkennen kann. — Was die Wahl und Unterhaltung der Amme betrifft, fällt es dem modernen Arzte auf, dass die griechischen Aerzte nicht rathen, vor Allem nachzusehen, dass die Amme nicht syphilitisch sei. Es geht aus dieser Thatsache wieder hervor, dass unter dem glücklichen Himmel Griechenlands und bei seiner schönen Bevölkerung dieser Fluch, der auf den Excessen *in venere* ruht, nicht bekannt war.[1] — Wir werden auch vermissen, dass auf die Vollzähligkeit des Gebisses der Amme kein Gewicht von den griechischen Aerzten gelegt wurde; und doch liegt

---

[1] Wann und wo die Syphilis zum ersten Male aufgetreten ist, wissen wir bis heute nicht. Voltaire äusserte sich einmal scherzhaft: Der Syphilis geht es wie den schönen Künsten. Niemand weiss, woher sie kommt und wer ihr Erfinder.

hier ein wichtiges Moment für die gute Ernährung und Verdauung der Amme. Ferner haben die Griechen die Haut der Amme zu wenig untersucht, während doch Hautausschläge durch die Amme ja leicht auf das Kind übertragen werden können. — Wie schön ist dagegen Alles, was die Griechen über die Ernährung und Enthaltsamkeit der Amme berichten, wenn wir dabei bedenken, wie jetzt in nicht seltenen Fällen die Kinder armer Leute mit Schnaps aufgezogen werden und wie die Mütter zu ihrer vermeintlichen „Kräftigung" beim Säugegeschäft schweren Branntwein in Fülle geniessen. — Dass die griechischen Aerzte Nutschbeutel, sogenannte Lutscher, gar nicht erwähnen, erlaubt den Schluss, dass man diese Unsitte, die bei uns noch weit verbreitet ist, in Griechenland nicht kannte. Die Lehren, welche die Griechen über die Pflege der Warzen der Säugenden geben, sind unzureichend. Gegen die frühzeitige Darreichung von mehlhaltigen Speisen bei entwöhnten Kindern würden wir heut zu Tage Bedenken haben.

So bekamen wir denn Kenntniss von dem Geist, der bei den Alten herrscht, von der genialen Art ihrer Auffassung, von ihrem emsigen Bemühen, die Winke der Natur zu befolgen. Wohl verstösst ihre Art des Denkens oft gegen die unsrige, wohl finden wir Fehler, welche der moderne Naturforscher leicht vermeidet, aber ihre Unkenntniss der Anatomie und Physiologie muss sie entschuldigen. Die Alten waren eben nur genaue Kenner und Beobachter der menschlichen Natur, sie wussten, wie leicht gegen dieselbe gefehlt und wie schwer begangene Fehler wieder gut zu machen waren. Vorzügliche und gewissenhafte Pflege des Körpers war ihnen daher Bedürfniss, auch entsprach dies ja ihrem so hoch ausgebildeten ästhetischen Sinne. Sie wussten aber ferner, wie grade in der Kindheit genaue Beobachtung und Cultur des Körpers zu Wachsthum und Gedeihen führt, daher ihre Sorgfalt in der Pflege des Neugeborenen, daher ihr emsiges Bemühen, alles nur Mögliche zum Wohle desselben herbeizuschaffen. Ihre Bemühung ward von Erfolg gekrönt: sie erzogen Staatsbürger, die ihnen zur Zier, ihrem Gemeinwesen zum Nutzen gereichten. Und so sehen wir denn, wie auch hierin die Alten uns ein leuchtendes Vorbild sein können.

Lebenslauf.

Verfasser, geboren am 3. Juli 1854, Sohn des verstorbenen praktischen Arztes Dr. Thadäus von Świçcicki, besuchte das Gymnasium zu Schrimm, welches er Michaelis 1873 mit dem Zeugniss der Reife verliess. Im October desselben Jahres begab sich Verfasser nach Breslau, um sich hier dem Studium der Medicin zu widmen. Im Juni 1875 machte er sein tentamen physicum und vom 1. October 1875 bis zum 1. April 1876 diente er als Einjährig-Freiwilliger beim 2. Schles. Gren.-Rgt. No. 11. Im März löste er folgende zwei, von der hiesigen medicinischen Facultät gestellte, Preisaufgaben:
 I. Untersuchung des Drüsenbaues und Bestimmung des Fermentgehaltes der Magenschleimhaut der Amphibien während des Hunger- und Verdauungszustandes,
 II. Zusammenstellung und Erläuterung der bei den griechischen Aerzten, namentlich bei Hippocrates, Galen, Soranus und Oribasius sich findenden Angaben über die Pflege der Kinder und ihre Krankheiten.

Im Juli 1877 machte er sein tentamen rigorosum.

Während seiner Studienzeit hörte er die Vorlesungen und nahm Theil an den praktischen Uebungen folgender Herren Professoren und Docenten:

Biermer, Berger, F. Cohn, H. Cohn, Cohnheim, Dorn, Fischer, Foerster, Grosser, Grützner, Gscheidlen, Haeser, Hasse, Heidenhain, Lichtheim, Loewig, Meyer, Neumann, Spiegelberg, Voltolini, Weigert.

Allen diesen Herren stattet Verfasser hiermit seinen wärmsten Dank ab.

Thesen.

I. Die Fähigkeit des Herzens rythmisch zu pulsiren, hängt nicht vom Nerveneinflusse ab.

II. Das sogen. *mal perforant du pied* ist eine circumscripte neuroparalytische Verschwärung der planta pedis.

III. Die crupöse Pneumonie ist eine Infections-Krankheit.

IV. Zweckmässige Bewegungen enthirnter Thiere sind Reactionen eines empfindenden Wesens.